Themenheft 3

Texte planen und schreiben

Herausgegeben von
Roland Bauer, Jutta Maurach

Erarbeitet von
Katrin Baudendistel,
Daniela Dreier-Kuzuhara,
Martina Schramm

Cornelsen

Inhaltsverzeichnis

Lernportion 1
Eine Schreibidee entwickeln

- Eine Wörtersammlung erstellen 5
- Oberbegriffe verwenden 6
- Oberbegriffe finden 7
- 5-Minuten-Schreiben 8
- 5-Minuten-Schreiben 9
- Das Vortragen üben 10
- Über das eigene Lernen nachdenken 11

Lernportion 2
Andere schriftlich informieren

- Merkmale eines förmlichen Briefes kennenlernen 12
- Eine förmliche Nachricht schreiben 13
- Einen förmlichen Brief ordnen und schreiben 14
- Einen förmlichen Brief ordnen und schreiben 15
- Einen Brief und eine E-Mail vergleichen 16
- Über das eigene Lernen nachdenken 17

Lernportion 3
Geschichten planen, schreiben und überarbeiten

- Den Aufbau einer Geschichte erkennen 18
- Eine Einleitung schreiben 19
- Einen Hauptteil und einen Schluss schreiben 20
- Einen Hauptteil und einen Schluss schreiben 21
- Eine passende Überschrift finden 22
- Unterschiedliche Satzanfänge nutzen 23
- Zu einem Erlebnis eine Geschichte schreiben 24
- Eine Schreibkonferenz durchführen 25
- Über das eigene Lernen nachdenken 26

Lernportion 4
Beschreibungen verfassen

- Eine Person genau beschreiben 27
- Treffende Wörter zuordnen 28
- Eine Beschreibung erstellen 29
- Eine Personenbeschreibung schreiben 30
- Eine Personenbeschreibung schreiben 31
- Eine Beschreibung überarbeiten 32
- Über das eigene Lernen nachdenken 33

Lernportion 5
Geschichten nacherzählen

- ★ Vergangenheitsformen finden .... 34 ☐
- ★ Die richtige Zeitform üben .... 35 ☐
- ★ Eine Nacherzählung schreiben .... 36 ☐
- ★ Eine Nacherzählung schreiben .... 37 ☐
- ☆ Eine Geschichte nachspielen .... 38 ☐
- ☆ Nacherzählungen beurteilen .... 39 ☐
- ★ Über das eigene Lernen nachdenken .... 40 ☐

Lernportion 6
Nach Anregungen schreiben

- ★ Mit Reizwörtern eine Geschichte schreiben .... 41 ☐
- ★ Reizwortgeschichten beurteilen .... 42 ☐
- ★ Wortfelder nutzen: „sagen" .... 43 ☐
- ★ Wörter aus dem Wortfeld „gehen" finden .... 44 ☐
- ☆ Wörter aus dem Wortfeld „gehen" nutzen .... 45 ☐
- ★ Eine Reizwortgeschichte schreiben .... 46 ☐
- ★ Eine Reizwortgeschichte schreiben .... 47 ☐
- ★ Über das eigene Lernen nachdenken .... 48 ☐

Lernportion 7
Handlungsabläufe beschreiben

- ★ Eine Handlung ordnen .... 49 ☐
- ★ Eine Handlung beschreiben .... 50 ☐
- ★ Eine Anleitung schreiben .... 51 ☐
- ★ Eine Anleitung schreiben .... 52 ☐
- ★ Ein Rezept ordnen .... 53 ☐
- ☆ Eine Liste mit Zutaten schreiben .... 54 ☐
- ☆ Ein Kochrezept schreiben .... 55 ☐
- ★ Über das eigene Lernen nachdenken .... 56 ☐

Lernportion 8
Gedichte schreiben

- ★ Ein Haiku kennenlernen .... 57 ☐
- ★ Zwei Haikus ordnen .... 58 ☐
- ☆ Ein Haiku schreiben und präsentieren .... 59 ☐
- ★ Nach einem Bauplan ein Gedicht schreiben .... 60 ☐
- ☆ Ein Parallelgedicht schreiben .... 61 ☐
- ☆ Ein Gedicht mit Geräuschen entwickeln .... 62 ☐
- ★ Über das eigene Lernen nachdenken .... 63 ☐

So kannst du mit den Heften arbeiten

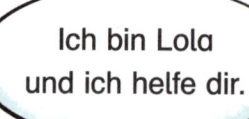

Ich bin Lola und ich helfe dir.

Du machst alle Seiten der Lernportion

Zuerst im grünen Heft.

Dann im roten Heft.

Dann im gelben Heft.

Und dann im blauen Heft.

Danach machst du in allen Heften die Lernportion

Nun machst du in allen Heften die Lernportion

Genauso bearbeitest du alle anderen Lernportionen.

1. Eine Wörtersammlung erstellen

1 Schreibe alle Wörter auf, die dir zum Thema **Zirkus** einfallen.
Einige Wörter findest du hier schon.

der Akrobat,

2 Bitte ein Kind, deine Wörter in **1** zu ergänzen.

Lernportion 1: Eine Schreibidee entwickeln

1 Oberbegriffe verwenden

1 Ergänze die Mindmap mit deinen Wörtern von Seite 5.

So eine Sammlung von Wörtern nennt man **Mindmap.**

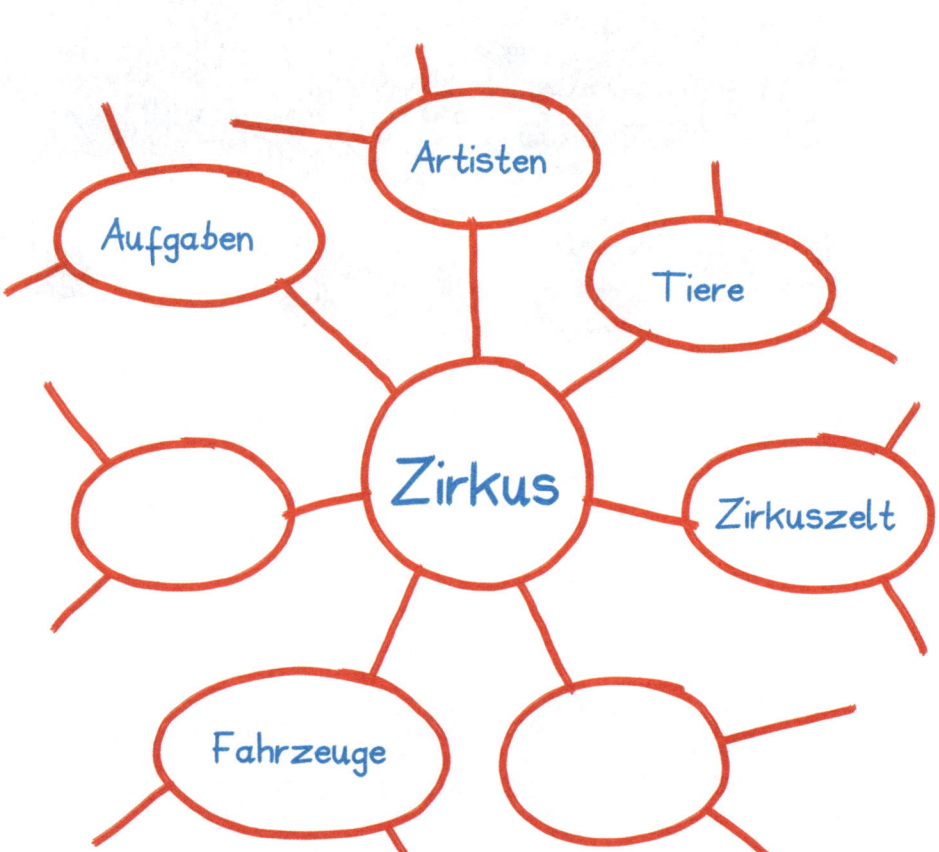

Lernportion 1: Eine Schreibidee entwickeln

1. Oberbegriffe finden

1 Findet gemeinsam Oberbegriffe und notiert sie.

Wohnwagen Traktor Lastwagen	Fahrzeuge
Löwen Elefanten Affen Kamele	
Hemd Zylinder Jacke Schuhe	

2 Suche dir einen Oberbegriff. Schreibe fünf Wörter dazu auf.

Obst
Banane, Ananas, Apfel, Birne, Trauben

Oberbegriff: _____
- _____
- _____
- _____
- _____
- _____

3

Zirkusdirektor

Zylinder, Mikrofon, Ansage, Chef

Findet ihr noch mehr Wörter? Ihr habt eine Minute Zeit!

Lernportion 1: Eine Schreibidee entwickeln

1. 5-Minuten-Schreiben

1 Kreuze an, wer du am liebsten sein würdest.

Schreibe 5 Minuten lang deine Ideen auf.

2 Schreibe Stichwörter zu deiner Figur aus **1**.

Wie heißt du?

_____

Was hast du an?

_____

Wo lebst du?

_____

Was kannst du alles gut?

_____

Lernportion 1: Eine Schreibidee entwickeln

1.

3 Schreibe die Ideen zu deiner Figur in Sätzen auf.
Nutze die Notizen von Aufgabe **2**.

Ich heiße
Ich habe

4

Lernportion 1: Eine Schreibidee entwickeln

1 Das Vortragen üben

So trage ich etwas vor:

1. **Ich stehe auf** und beginne erst, wenn alle **ruhig** sind.

2. **Ich sage** einen Anfangssatz.
   Ich möchte euch meinen Text vorstellen.

3. **Ich stelle** meinen Text **vor**.
   Ich **spreche** dabei **langsam**, **laut** und **deutlich**.

4. **Nach jedem Satz** mache ich eine **kurze Pause**.
   Dabei schaue ich den Zuhörern kurz in die Augen.

 ❶ Trage deinen Text von Seite 9 vor.

 ❷

Lernportion 1: Eine Schreibidee entwickeln

1 Über das eigene Lernen nachdenken

Ergänze deine erste Lernraupe.

… eine Wörtersammlung erstellen.

… Oberbegriffe verwenden.

… Oberbegriffe finden.

… Stichwörter aufschreiben.

… Stichwörter in Sätzen verwenden.

… einen Text vortragen.

…

Ich habe mich gefreut, dass …

Was hat dir beim Lernen in Lernportion 1 gefallen?

Ich hatte Mühe …

Lernportion 1: Eine Schreibidee entwickeln

2. Merkmale eines förmlichen Briefes kennenlernen

1 Lies den Brief.

1 Lola Hexengasse 7 14197 Berlin	Berlin, 18. September 2018

2 Firma Bärchen
Gummibärchenstr. 10
75132 Süßen

3 **Beschwerde**

4 Sehr geehrte Damen und Herren,

ich esse sehr gern rote Gummibärchen. Leider waren
in der letzten Tüte fast keine roten Bärchen.
Ich würde mich sehr freuen, wenn Sie mir eine neue Tüte
schicken könnten.
Vielen Dank!

5 Mit freundlichen Grüßen

Lola

2 Ordne die Erklärungen durch Nummerieren passend zu.

1 Absender		Ziel, an das ein Brief verschickt wird
2 Empfänger		Grund einer schriftlichen Nachricht
3 Betreff		freundliche Verabschiedung
4 förmliche Anrede	1	Person, die einen Brief verschickt
5 Grüße		Anrede einer Person mit Nachnamen oder mit „Sehr geehrte Damen und Herren"

12   Lernportion 2: Andere schriftlich informieren

2. Eine förmliche Nachricht schreiben

So schreibe ich eine förmliche Nachricht:

1. **Ich überlege, wem** ich eine förmliche Nachricht schreibe.

2. **Ich plane, was** ich schreiben möchte. Betreff / Anlass, …

3. **Ich schreibe** eine Nachricht. Dabei beachte ich
   – den Aufbau

   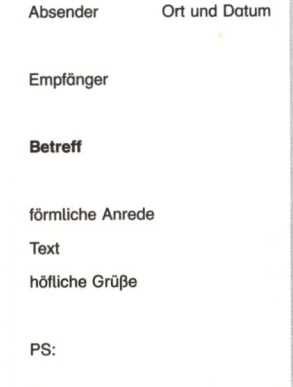

   Absender   Ort und Datum

   Empfänger

   Betreff

   förmliche Anrede
   Text
   höfliche Grüße

   PS:

   – Ich verwende passende Anredepronomen (Sie, Ihr, Ihre, Ihnen, …)

So schreibe ich auch förmliche E-Mails.

4. **Ich lese** und **verbessere** die förmliche Nachricht.

① Markiere die persönlichen und förmlichen Anredepronomen mit zwei Farben.

Sie | du | Ihr | dein | ihr

Ihre | euch | dich | Ihrem | dir

Lernportion 2: Andere schriftlich informieren   13

2. Einen förmlichen Brief ordnen und schreiben

Die Kinder möchten mit ihrer Schule ein Zirkusfest feiern. Dazu müssen sie den Bürgermeister in einem Brief um Erlaubnis bitten.

① Nummeriere die Teile des Briefes.

☐ Mit freundlichen Grüßen
Die Klasse 3b

☐ wir möchten mit unseren Familien gern
ein Zirkusfest hinter der Stadthalle feiern.
Es soll am letzten Samstag im September sein.
Wir bitten Sie um Ihre Erlaubnis.

☐ **Zirkusfest hinter der Stadthalle**

[1] Klasse 3b der Grundschule
Schulstraße 14
14197 Berlin

☐ Sehr geehrter Herr Bürgermeister,

☐ Herrn
Bürgermeister Olaf Rutt
Lange Straße 112
14197 Berlin

☐ Berlin, den 07.09.2018

Lernportion 2: Andere schriftlich informieren

2.

  Schreibe den Brief von Seite 14 richtig auf.

Klasse 3b

Lernportion 2: Andere schriftlich informieren

2 Einen Brief und eine E-Mail vergleichen

1 Lies die E-Mail.

An:	maier@sportverein-dresden.de
Kopie:	frida@xn--jrgenson-65a.de
Betreff:	Anmeldung zu den E-Junioren

Sehr geehrter Herr Maier,

meine Freundin Frida und ich möchten uns gerne für das Fußballtraining der E-Junioren anmelden.
Bitte teilen Sie uns mit, ob Sie noch zwei Plätze frei haben und wann das Training stattfindet.

Wir würden uns sehr freuen, wenn das klappt.

Mit freundlichen Grüßen

Frida und Theo

Blumenweg 9
01067 Dresden

2 Vergleicht die Mail mit einem Brief. Sprecht über Unterschiede.

3 Ergänze die Sätze.

| Betreff | Brief | Ort | Datum | unten |

Im Vergleich zu einem Brief fehlen rechts oben der [Ort]

und das [_____].

Die Adresse des Absenders steht ganz [_____].

Der [_____] wird in einer Zeile im E-Mail-Kopf eingetragen.

In einer E-Mail werden Anrede und Grüße

wie bei einem [_____] verwendet.

16 Lernportion 2: Andere schriftlich informieren

2. Über das eigene Lernen nachdenken

Ergänze deine Lernraupe.

- … Merkmale eines förmlichen Briefes kennen.
- … eine förmliche Nachricht schreiben.
- … einen förmlichen Brief ordnen und schreiben.
- … einen Brief und eine E-Mail vergleichen.
- …

Ich habe gelernt, zügig zu arbeiten.

Wie schätzt du dein Lerntempo ein?

_____ macht es mir leicht, mich zu konzentrieren.

Lernportion 2: Andere schriftlich informieren

3 Den Aufbau einer Geschichte erkennen

> Eine **Geschichte** besteht aus **Einleitung**, **Hauptteil** und **Schluss**.
> In der **Einleitung** steht:
> **Wer** spielt mit? **Wann** spielt die Geschichte? **Wo** spielt sie?
> Der **Hauptteil** erzählt, **was** passiert.
> Im **Schluss** steht kurz, **wie** die **Geschichte endet**.

1 Lies den Text.

Der neue Schüler

Wie jeden Mittwoch in der ersten Stunde
hatten wir Mathe bei Herrn Werner.
Wir durften in der Klasse viele Sachen wiegen.
Da klopfte es.
5 Eine Frau, ein Junge und ein Hund standen in der Tür.
„Ist das hier die Klasse 3a?", fragte die Frau.
Herr Werner nickte freundlich.
„Ich bringe Ihnen einen neuen Schüler",
sagte die Frau, „meinen Sohn Leo."
10 Leo lächelte schüchtern.
„Neben Paul ist ein Platz frei, da kannst du dich
hinsetzen", sprach Herr Werner.
Plötzlich sprang der Hund los und setzte sich
auf den freien Stuhl.
15 Die ganze Klasse lachte.
Die Mutter pfiff nach ihrem Hund und Leo
setzte sich lachend auf den frei gewordenen Platz.

2 Unterstreiche die Teile der Geschichte farbig:
Einleitung, **Hauptteil**, **Schluss**.

3 Eine Einleitung schreiben

1 Lies die Sätze.

> Meine Oma Susi wollte ihr Haus am See aufräumen.
> Erkan, Alma und ich halfen ihr am Freitag dabei.

2 Prüfe, ob der Text in ❶ eine Einleitung ist.
Beantworte die Fragen.

Wer?

Wann?

Wo?

3 Überlege, über welches Erlebnis du eine Geschichte schreiben möchtest.

a) **Wer** spielt in deiner Geschichte mit?

b) **Wann** spielt die Geschichte?

c) **Wo** spielt die Geschichte?

4 Schreibe die Einleitung zu ❸ auf.

Lernportion 3: Geschichten planen, schreiben und überarbeiten

3 Einen Hauptteil und einen Schluss schreiben

1 Lies die **Einleitung** der Geschichte.

> **Mein schönster Tag**
>
> Es war an einem Samstag im Mai. Mein Bruder und ich waren gerade aufgestanden und wollten in der Küche etwas essen. Da sagte mein Vater: „Macht schnell, ihr beiden. Ich habe etwas Tolles vor."

2 Unterstreiche im Text zu **1** die Antworten auf die Fragen:
Wann? Wer? Wo?

3 Lies die Stichwörter für einen **Hauptteil** und einen **Schluss** der Geschichte.

- fuhren zum Tierheim
- viele kleine Hunde
- wir durften uns einen aussuchen
- so süß
- freuten uns riesig
- Name Benni
- kauften Körbchen und Futter
- bekamen wichtige Tipps
- Benni glücklich bei uns
- lebte sich schnell ein

Ein „roter Faden" hilft beim Schreiben.

Lernportion 3: Geschichten planen, schreiben und überarbeiten

3

4 Schreibe mit den Stichwörtern aus dem „roten Faden"
von Seite 20 die Geschichte zu Ende.

Wir fuhren zusammen

5 Prüfe und verbessere deinen Text.

Lernportion 3: Geschichten planen, schreiben und überarbeiten

3 Eine passende Überschrift finden

> Jede Geschichte hat eine **Überschrift.**
> Sie muss gut zum Text passen.

1 Sieh dir die Fotos an. Lies, was die Kinder sagen.

2 Erzählt euch die Geschichte. Überlegt euch einen Schluss.

3 Finde eine Überschrift zu ❶.

3. Unterschiedliche Satzanfänge nutzen

> Ein Text wird besser, wenn die **Satzanfänge unterschiedlich** sind.

1 Schreibe den Text mit unterschiedlichen Satzanfängen auf.

| Plötzlich | Gestern | Zum Glück | Wir | Zuerst | Dort | Dann |

Unser Lauf

    haben wir an einem Lauf teilgenommen.

    trafen wir uns beim Start.

    bekam jedes Team eine Karte.

    liefen wir los.

    standen wir an einer Brücke.

    hatten uns verlaufen.

    half uns ein Vater weiter.

Unser Lauf

Gestern haben wir an einem Lauf teilgenommen.

Lernportion 3: Geschichten planen, schreiben und überarbeiten

3 Zu einem Erlebnis eine Geschichte schreiben

So schreibe ich eine Erlebnisgeschichte:

1. **Ich überlege**, zu welchem Erlebnis ich eine Geschichte schreibe.

2. **Ich plane** Einleitung, Hauptteil, Schluss und notiere Stichwörter.

3. **Ich schreibe** die Geschichte und beachte:
   - die Einleitung (Wer? Wann? Wo?),
   - den Hauptteil (Was passiert?),
   - den Schluss (Wie endet die Geschichte?).

4. **Ich lese** die Geschichte noch einmal durch und achte dabei auf unterschiedliche Satzanfänge.

5. **Ich überarbeite** die Geschichte.

6. **Ich finde** eine gute Überschrift.

 ① Schreibe mit Hilfe des Leitfadens eine Erlebnisgeschichte in dein Heft.

Notiere zuvor Stichwörter für deine Geschichte.

Lernportion 3: Geschichten planen, schreiben und überarbeiten

3. Eine Schreibkonferenz durchführen

So bespreche ich Texte in einer Schreibkonferenz:

1. **Ich überlege**, mit wem ich meinen Text besprechen möchte, und suche mir drei Kinder.

2. **Ich verteile** die Aufgaben:

   Der Verständnisexperte:
   Habe ich alles verstanden?
   Kann ich die Geschichte mit eigenen Worten wiedergeben?

   Der Aufbauexperte:
   Sind in der Einleitung die Fragen Wer? Wann? Wo? beantwortet?
   Ist der Hauptteil ausführlich und interessant?
   Rundet der Schluss die Geschichte ab?

   Der Ausdrucksexperte:
   Waren die Sätze zu lang?
   Waren die Satzanfänge abwechslungsreich?

3. **Ich lese** meinen Text den anderen Kindern (mehrmals) vor.

4. **Ich erhalte** von den anderen Kindern Hinweise.

5. **Ich überarbeite** meine Geschichte.
   Die Hinweise der anderen Kinder können mir dabei helfen.

① Besprich in einer Schreibkonferenz deine Erlebnisgeschichte.

Lernportion 3: Geschichten planen, schreiben und überarbeiten

3. Über das eigene Lernen nachdenken

Ergänze deine Lernraupe.

- ... den Aufbau einer Geschichte erkennen.
- ... eine Einleitung schreiben.
- ... einen Hauptteil und einen Schluss schreiben.
- ... eine passende Überschrift finden.
- ... eine Schreibkonferenz durchführen.
- ... unterschiedliche Satzanfänge nutzen.
- ... zu einem Erlebnis eine Geschichte schreiben.

Zuerst hatte ich bei Aufgabe ... ein Problem. Dann ...

Wie hast du mit anderen Kindern zusammengearbeitet?

Wenn mir etwas schwerfällt, ...

Lernportion 3: Geschichten planen, schreiben und überarbeiten

4 Eine Person genau beschreiben

1 Lies die Stichwörter. Unterstreiche die Adjektive.

| grüne Kappe | gestreiftes T-Shirt | blaue Schuhe | grüne Hose | langes Seil |

2 Kreise im Bild das Kind ein, zu dem die Stichwörter in ❶ passen.

Mit Adjektiven kannst du genau beschreiben.

Welches Kind ist gemeint?

Ich weiß es! Die Adjektive verraten es!

3 Beschreibe das Kind mit den Wörtern aus ❶ in Sätzen.

Auf dem Kopf hat das Kind eine

Lernportion 4: Beschreibungen verfassen 27

4 Treffende Wörter zuordnen

1 Ordne zu, welche Person gemeint ist.
Trage dazu die richtige Nummer ein.

Frau Wandel
runder Kopf,
braune Haare,
langer Zopf,
große blaue Augen,
schiefe Nase,
runde Lippen

Herr Ludwig
ovaler Kopf,
kaum Haare,
blonde Haare,
Bart,
große grüne Augen,
spitzes Kinn

Herr Bach
eckiger Kopf,
kurze rote Haare,
abstehende Ohren,
braune Augen,
dicke Nase,
schiefer Mund

Frau Dürr
länglicher Kopf,
dunkle Haare,
schmale braune Augen,
kleine Nase,
Sommersprossen,
breiter Mund

2 Male die Wörter in der richtigen Farbe an.

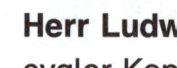

| Kleidung | Körper | Besonderheiten |

schlank   gestreift   einfarbig   gepunktet   bunt

mollig   tätowiert   Muttermal   kariert   Brille

28 Lernportion 4: Beschreibungen verfassen

4 Eine Beschreibung erstellen

1 Lies den Steckbrief.

Name: Lotta
Alter: 9 Jahre
Körper: mollig, klein
Kopf: rund
Haare: lange braune Haare
Augen: grün
Nase: kleine Nase
Kleidung: blaues Kleid mit roten Punkten
Besonderheit: grüne Brille

2 Zeichne Lotta in den Rahmen.

3 Beschreibe Lotta in Sätzen.

Lotta ist 9 Jahre alt. Sie ist

4 Besprich deinen Text aus ❸ mit einem Kind.
Verbessere deine Fehler.

Lernportion 4: Beschreibungen verfassen

4 Eine Personenbeschreibung schreiben

So beschreibe ich eine Person:

1. **Ich überlege**, wen ich beschreiben möchte.

2. **Ich sehe genau hin** und notiere Stichwörter.

3. **Ich beschreibe** die Person und verwende:
   – möglichst viele Merkmale
      (Größe, Alter, Körper, Kopf, Kleidung, Schuhe),
   – treffende Wörter,
   – unterschiedliche Satzanfänge
      (Er …, Sie …, Außerdem …, Um …, Sein …, Die …, Ihr …).

4. **Ich lese** meinen Text noch einmal
   und achte dabei auf treffende Wörter.

5. **Ich überarbeite** die Beschreibung.

… meine Stichwörter

Hübsches, schlankes Mädchen,
spitzer Hut,
rote Haare mit zwei Zöpfen,
kleine grüne Augen,
spitze Nase, kleiner Mund,
Kleid mit grünem Kragen,
barfuß …

30   Lernportion 4: Beschreibungen verfassen

4

1 Wähle ein Kind aus deiner Klasse.
Notiere Stichwörter zu seinem Aussehen.

2 Beschreibe das Kind in einem Text.
Der Leitfaden auf Seite 30 und die Stichwörter aus ❶ helfen dir.

Lernportion 4: Beschreibungen verfassen

4 Eine Beschreibung überarbeiten

1 Lies die Beschreibung.

Dieb gesucht

Er ist etwa 1,80 Meter groß.
Der Mann hat ein rundes Gesicht.
Er hat braune Haare und einen Bart.
Seine Nase und seine Augen sind groß.
Er trägt ein T-Shirt, eine Hose und Schuhe.

2 Beschreibe den Mann mit passenden Adjektiven genauer. Sieh dir dazu auch das Bild an.

Der gesuchte Mann ist

4 Über das eigene Lernen nachdenken

Ergänze deine Lernraupe.

… eine Person genau beschreiben.

… treffende Wörter zuordnen.

… eine Beschreibung erstellen.

… eine Beschreibung überarbeiten.

…

Wie sorgfältig hast du gearbeitet?

Ich finde, ich habe mich im Schreiben verbessert.

Mein Freund und ich haben uns beim Schreiben geholfen.

Lernportion 4: Beschreibungen verfassen

5. Vergangenheitsformen finden

> Ein **vergangenes Erlebnis** schreibe ich in der **Vergangenheitsform** auf.

1 Sieh dir das Bild an.
Ergänze in der Tabelle die Vergangenheitsformen.

Gegenwartsform (jetzt)	Vergangenheitsform (früher)
sie hüpft	sie hüpfte
er rollt	
sie rennt	
er sitzt	
er ruft	
er isst	
er spielt	

34 Lernportion 5: Geschichten nacherzählen

5. Die richtige Zeitform üben

1 Lies den Text und unterstreiche die Verben.

Unfall in der Pause – so ist es

Lena zieht an einem Seil einen Wagen, auf dem Mike sitzt. Sie rennt sehr schnell. Da prallt der Wagen an den Stamm des dicken Baumes. Mike knallt an den Baum und fällt auf den Boden. Seine Nase blutet stark und er weint laut. Mike kommt zwei Tage nicht in die Schule.

Der arme Mike!

2 Schreibe den Text aus ❶ in der Vergangenheitsform auf.

Unfall in der Pause – so war es

Lena zog

3 Unterstreiche die Verben in ❷.

Lernportion 5: Geschichten nacherzählen

5. Eine Nacherzählung schreiben

So schreibe ich eine Nacherzählung:

1. **Ich passe genau auf,** wie die Geschichte verläuft.

2. **Ich notiere** Stichwörter.

3. **Ich schreibe** mit den **Stichwörtern** eine **Nacherzählung**.
   Ich achte darauf:
   – in der Einleitung alle W-Fragen aufzugreifen,
   – nur das Wichtigste zu erzählen,
   – die richtige Reihenfolge einzuhalten,
   – in der Vergangenheit zu schreiben,
   – unterschiedliche Satzanfänge zu verwenden.

4. **Ich lese** die Nacherzählung noch einmal und achte dabei auf die Vergangenheitsformen und unterschiedliche Satzanfänge.

5. **Ich überarbeite** die Nacherzählung.

Fertig bist du erst nach dem Überarbeiten!

① Lies die Geschichte auf der folgenden Seite.

② Klärt unbekannte Wörter und unterstreicht wichtige Stellen auf Seite 37.

Lernportion 5: Geschichten nacherzählen

5.

Ein buntes Land

Kokokaka war ein Land hinter den Bergen. Dort lebten die Pumpus schon seit tausend Jahren. Zu allen Zeiten gab es große und kleine, dicke und dünne, kluge und dumme Pumpus. Doch so unterschiedlich sie auch waren, eines hatten alle Pumpus gemeinsam: ein blaues Fell.

5 Bis eines Tages das erste Pumpu mit einem roten Fell geboren wurde. Seine Eltern erschraken sehr, als sie ihr rotes Kind sahen. Sie wuschen und schrubbten es immer wieder, aber das Fell ihres Kindes blieb rot. „Ich habe es trotzdem lieb", sagte die Mutter. Der Vater nickte. „Hauptsache, es ist gesund und wird glücklich."

10 Gesund war das rote Pumpu, aber richtig glücklich nicht. Denn obwohl seine Eltern es lieb hatten und die meisten Pumpus nett zu ihm waren, spürte das rote Pumpu, dass es anders war. Und manchmal war es deswegen traurig. Einmal meinte ein großes Pumpu: „Ich wünsche mir schon lange ein grünes Fell. Nur habe ich mich bisher nie getraut, das zu sagen." Das große Pumpu

15 füllte einen Bottich mit Wasser, sammelte verschiedene Kräuter und warf sie hinein. Bald färbte sich das Wasser grün und das große Pumpu stieg in den Bottich. Und es dauerte nicht lange, bis ein grünes Pumpu aus dem Bottich stieg. Es schaute an sich hinunter und strahlte. Auch

20 andere färbten in den nächsten Wochen ihr Fell und bald gab es Pumpus in vielen Farben. Zwischen den vielen farbigen Pumpus fühlte sich das rote Pumpu endlich wohl und war nun sehr glücklich. ◇

Manfred Mai

 3 Erzähle den Inhalt des Textes einem Partnerkind.
Nutze dazu die unterstrichenen Stellen.

 **4** Schreibe mit Hilfe des Leitfadens auf Seite 36
eine Nacherzählung im Heft.

5. Eine Geschichte nachspielen

1 Suche dir 4 Kinder, mit denen du die Geschichte auf Seite 37 spielen willst.

a) Lest gemeinsam die Geschichte nochmals.

b) Verteilt die Rollen:
ein Erzähler, Mutter Pumpu, Vater Pumpu, rotes Pumpu, großes Pumpu

c) Überlegt gemeinsam:

Was sagen die Personen?
– der Erzähler liest vor
– Mutter Pumpu bei der Geburt des roten Pumpus
– Vater Pumpu
– …

Was tun die Personen (= Handlungen und Gesten) und welche Gefühle zeigen sie?
– Eltern erschrecken (Hand vor dem Mund …)
– Vater füllt Eimer mit Wasser, um rotes Pumpu zu schrubben …
– …

2 Übt die Geschichte und das Vorspiel.

3 Spielt die Geschichte in eurer Klasse oder anderen Kindern vor.

5 Nacherzählungen beurteilen

1 Lies die Geschichte.

Allein zu Hause

Gestern Abend gingen meine Eltern ins Kino und ich war das erste Mal allein zu Hause. Ich sah mir noch eine Serie an, die bis 20 Uhr dauerte, und dann ging ich ins Bett. Ich war fast eingeschlafen, da hörte ich plötzlich ein Kratzen am Fenster. Sofort war ich wieder wach.
Ich hatte schreckliche Angst. Dann hörte ich ein „Miau" und wusste, dass es nur unser Kater Kuno war. Nun schlief ich ruhig ein.

2 Zwei Kinder haben die Geschichte nacherzählt.
Lies die beiden Texte.

a) Gestern machten meine Eltern einen Kinobesuch und ließen mich allein. Bis zwanzig Uhr sah ich eine Serie, dann ging ich in mein Bett. Kurz vor dem Einschlafen hörte ich plötzlich ein Kratzen am Fenster. Ich hatte Angst. Zum Glück war es nur unser Kater, sodass ich ruhig einschlief.

b) Gestern Abend schlief ich vor dem Fernseher ein. Plötzlich erwachte ich von einem Kratzen am Fenster. Das war alles blöd!

3 Schreibt Stichwörter auf, wie ihr die Texte in **2** findet.

a)

b)

Lernportion 5: Geschichten nacherzählen 39

5. Über das eigene Lernen nachdenken

Ergänze deine Lernraupe.

- … Vergangenheitsformen finden.
- … eine Nacherzählung schreiben.
- … eine Geschichte nachspielen.
- … die richtige Zeitform verwenden.
- … Nacherzählungen beurteilen.
- …

Ich fand den Test …

Wie schätzt du deinen Lernerfolg ein?

Meine große Stärke ist es, …

Lernportion 5: Geschichten nacherzählen

6. Mit Reizwörtern eine Geschichte schreiben

Wörter und Bilder reizen zum **Erzählen**.

1 Zeichne zu jedem Wort ein kleines Bild.

| Kind | Rakete | Mülltonne |

2 Schreibe eine kurze Geschichte, in der die drei Wörter vorkommen.

3 Schreibe eine gute Überschrift zu deiner Geschichte.

Lernportion 6: Nach Anregungen schreiben

6 Reizwortgeschichten beurteilen

1 Lisa und Tim haben Geschichten mit den gleichen drei Reizwörtern geschrieben. Lies die Texte.

> Am Sonntag war der erste April. Am **Abend** rief ich mit dem **Handy** meinen Onkel an. Dann rief ich: „Miau" ins Handy. Dann legte ich wieder auf. Dann lachte ich laut los. Dann dachte ich: „Was für ein lustiger **Aprilscherz**." Dann ging ich ins Bett.
>
> Lisa

> Am Sonntag gegen Abend war ich allein zu Hause. Ich wollte gerade ins Bett gehen, da klingelte das Handy. Ich ging dran und hörte eine flüsternde Stimme: „Geh nicht in dein Bett!" Ich hatte Angst und ich war wie erstarrt. Als nach fünf Minuten das Handy wieder läutete, wollte ich erst gar nicht drangehen. Doch meine Neugier war groß. Diesmal sagte die Stimme: „Geh nicht in dein Bett! Darin könnte sich ein Aprilscherz verstecken." Am lauten Lachen erkannte ich meine Freundin Tosca. Nun mussten wir beide lachen.
>
> Tim

2 Markiere die gleichen drei Reizwörter in Tims Geschichte.

3 Gebt Lisa und Tim eine Rückmeldung.

Lisa: Dein Text ist

Tim: Dein Text ist

Lernportion 6: Nach Anregungen schreiben

6. Wortfelder nutzen: „sagen"

1 Lies den Text.

Hauchte, wetterte, sprach, brüllte

Gestern Abend sprach er.
Es war schon dunkel, erzählte er.
Wollte ich zu meinem Schwager, berichtete er.
Aber in dem Fliederbusch vor seinem Haus, raunte er.

Sah ich etwas glühen, zischte er.
Zwei grüne Augen, keuchte er.
Da lauerte ein Gespenst, schrie er.
Ich – , stieß er hervor.
Auf und davon wie der Blitz!, gestand er.
Da hättest du auch Angst gehabt, behauptete er.
Nun haben sie ohne mich Geburtstag gefeiert, jammerte er.
Es war bestimmt sehr lustig, schluchzte er.
Aber das nächste Mal, knurrte er.
Nehme ich einen Prügel mit, drohte er.
Und dann haue ich es windelweich, verkündete er.
Dieses freche, böse, hinterhältige, gemeine …, brüllte er.
Hoffentlich hat es das nicht gehört, hauchte er.
Aber untertags schläft es, versicherte er.
Wahrscheinlich, meinte er.
Dieses verdammte Gespenst, wetterte er.
Oder war es eine Katze?, fragte er.
Das kann gut sein, sagte ich.

Josef Guggenmos

2 Markiere in ❶ alle Wörter für *sagen*.

3 Vergleicht eure Ergebnisse zu ❷.

Lernportion 6: Nach Anregungen schreiben

6 Wörter aus dem Wortfeld „gehen" finden

1 Lies den Text.

Auf dem kürzesten Weg
*Kims Mutter möchte, dass Kim nach der Schule
direkt nach Hause kommt und nicht trödelt.*
Obwohl Kim sonst sehr gerne bummelt, will sie Mamas Wunsch erfüllen.
Nach der letzten Stunde verlässt Kim die Schule. Sie läuft nicht wie gewohnt
durch den Vorderausgang. Kim rennt hinter der Schule über den Bolzplatz,
geht die Böschung hinauf und kriecht oben durch das dichte Gebüsch.
Vor ihr liegen viele kleine Gärten. Vorsichtig stelzt Kim über Blumenbeete,
kniehohe Zäune, Salate und Kohlköpfe. Sie klettert über eine leere Hundehütte.
Sie überquert eine Straße.

Werner Färber

2 Markiere im Text von **1** alle Wörter aus dem Wortfeld **gehen**.

3 Schreibe alle markierten Wörter aus **2** in der Grundform auf.

trödeln,

Treffende Verben machen eine Geschichte lebendiger.

Lernportion 6: Nach Anregungen schreiben

6. Wörter aus dem Wortfeld „gehen" nutzen

1 Lies den Text.

Als Tim und ich heute Abend nach Hause gehen, ist es schon dunkel. Wir gehen durch die Straße. Dort steht ein altes Haus. Die Tür ist offen. Wir gehen in das Haus hinein, weil wir ein Geräusch hören. Was ist das? Eine Maus geht vorbei. Sie geht in den Keller. Wir gehen schnell aus dem Haus.

Wortfeld gehen
wandern ✷ laufen ✷ schleichen ✷ eilen ✷ hinken ✷ trödeln ✷ huschen ✷ flitzen ✷ spazieren

2 Markiere in ❶ alle Formen des Verbs gehen.

3 Schreibe den Text ab und ersetze das Wort gehen durch andere Wörter aus dem Wortfeld.

Als Tim

Lernportion 6: Nach Anregungen schreiben

6. Eine Reizwortgeschichte schreiben

So schreibe ich eine Reizwortgeschichte:

1. **Ich lese** die Reizwörter und stelle sie mir vor.

2. **Ich plane** eine Geschichte mit den Reizwörtern.
   Welche Personen/Gegenstände kommen vor?

3. **Ich schreibe** mit den **Reizwörtern** eine Geschichte.
   Ich achte darauf:
   - in der Einleitung alle **W-Fragen** aufzugreifen,
   - ausführlich den **Hauptteil** zu erzählen,
   - **wörtliche Rede** (Was sagen die Personen?) zu verwenden,
   - **treffende Wörter** zu benutzen (Wortfelder),
   - einen **passenden Schluss** zu schreiben,
   - **unterschiedliche Satzanfänge** zu verwenden.

4. **Ich lese** die Reizwortgeschichte noch einmal und achte dabei auf die wörtliche Rede und treffende Wörter.

5. **Ich überarbeite** die Reizwortgeschichte.

Treffende Wörter: schreien, plappern, flüstern, rufen, meinen.

1 Kreuze an, zu welchen Wörtern du schreiben willst.

○ Spielplatz | Tier | Schreck

○ Geburtstagsfeier | Torte | Salz

46 Lernportion 6: Nach Anregungen schreiben

6.

 ② Schreibe eine Reizwortgeschichte mit deinen Wörtern aus ①.

 ③ Ergänze in ② eine passende Überschrift.

6 Über das eigene Lernen nachdenken

Ergänze deine Lernraupe.

… mit Reizwörtern eine Geschichte schreiben.

… Reizwortgeschichten beurteilen.

… Wortfelder nutzen: sagen, gehen.

…

Ich kam so schnell voran, weil …

Was hat dir beim Lernen geholfen?

Bei … hatte ich ein Problem. Aber …

Lernportion 6: Nach Anregungen schreiben

7 Eine Handlung ordnen

1 Nummeriere die Sätze in der richtigen Reihenfolge.

So putze ich meine Zähne

- [ ] … drücke ich die Zahnpasta auf die Bürste.
- [ ] … spüle ich den Mund aus.
- [ ] … nehme ich die Zahnbürste und mache sie nass.
- [ ] … reinige ich die Zahnbürste unter fließendem Wasser.
- [ ] … putze ich zwei Minuten lang die Zähne.

2 Schreibe die Anleitung aus **1** richtig auf.
Verwende diese Satzanfänge.

| Zuerst | Zum Schluss | Dann | Danach | … |

Zuerst nehme ich

Lernportion 7: Handlungsabläufe beschreiben 49

7 Eine Handlung beschreiben

1 Ordne die Stichwörter den Bildern zu.
Nummeriere passend.

Haare waschen

| | Haare gut ausspülen | | etwas Shampoo nehmen |

| | Haare einschäumen, Augen dabei schließen | | Haare nass machen |

2 Schreibe auf, wie man die Haare wäscht.
Die Bilder und Stichwörter aus **1** helfen dir.

Haare waschen

Zuerst nehme ich die Brause und

mache

7 Eine Anleitung schreiben

So schreibe ich eine Anleitung:

1. **Ich überlege,** welche Handlung ich beschreiben möchte.

2. **Ich notiere Stichwörter** zu den einzelnen Schritten.

3. **Ich schreibe** mit den Stichwörtern **eine Anleitung.**
   Ich beachte:
   - Überschrift (Welche Handlung wird beschrieben?),
   - Einleitung (Was wird alles benötigt?),
   - Hauptteil (richtige Reihenfolge, treffende Wörter/Fachbegriffe),
   - Schluss (Ergebnis),
   - Zeitform Gegenwart,
   - unterschiedliche Satzanfänge.

4. **Ich lese** die Anleitung noch einmal und **prüfe** die Reihenfolge und alle Schritte.

5. **Ich überarbeite** die Anleitung.

Zuerst … Danach …

7

Hände waschen

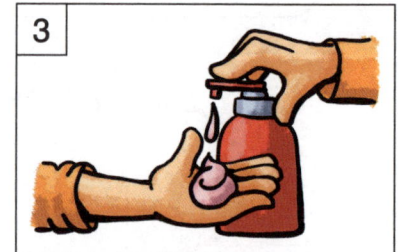

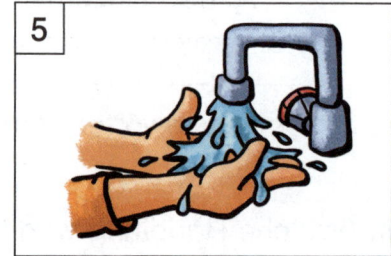
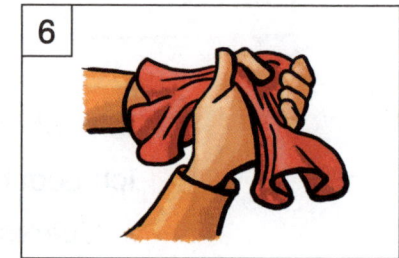

2 Schreibe eine Anleitung zu den Bildern. Nutze die Stichwörter.
Achte auf unterschiedliche Satzanfänge.

| Ärmel hochkrempeln | Hände nass machen | Seife nehmen |

| gründlich verreiben | Hände abspülen | abtrocknen |

Hände waschen

Zuerst muss man

7 Ein Rezept ordnen

1) Ordne die Stichwörter den Bildern zu.
Nummeriere passend.

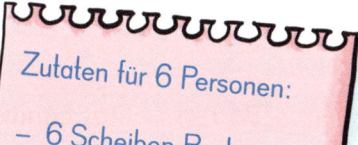

Zutaten für 6 Personen:
- 6 Scheiben Brot
- 6 reife Tomaten oder Tomaten aus der Dose
- Olivenöl
- etwas Salz
- 2 bis 3 Zehen Knoblauch
- Basilikum

	P	Mischung auf Brote verteilen
	E	Tomatenstücke mit Salz und Knoblauch vermischen
	E	Olivenöl auf das Brot geben
	R	Brot toasten
	T	mit Basilikum verzieren
	Z	Tomaten und Knoblauch in Stücke schneiden

Schreibe das Lösungswort auf!

Lösungswort:

1	2	3	4	5	6

Lernportion 7: Handlungsabläufe beschreiben

7. Eine Liste mit Zutaten schreiben

1 Lies die E-Mail.

An:	Kevin
Betreff:	Rosmarinkartoffeln

Lieber Kevin,

hier ist mein Rezept für Kartoffeln mit Rosmarin. Für vier Personen brauchst du: 500 Gramm Kartoffeln, vier Esslöffel Olivenöl, vier Esslöffel klein gehackten Rosmarin, Salz und Pfeffer.

Zuerst musst du die Kartoffeln mit einer Bürste gut säubern. Dann schneidest du die Kartoffeln auf einem Brettchen in Scheiben. Pass auf, dass du dich dabei nicht schneidest! Nun streichst du das Olivenöl auf ein Backblech, bis der Boden bedeckt ist. Danach verteilst du die Kartoffeln auf dem Blech. Jetzt kommt der gehackte Rosmarin auf die Kartoffeln. Zum Schluss streust du Salz und Pfeffer auf die Kartoffeln. Nimm nicht zu viel! Lass alles nun im Ofen 20 Minuten bei 200 Grad backen.

Liebe Grüße!

Dein Onkel Max

2 Unterstreiche in ① alle Zutaten.

3 Schreibe eine Liste mit den Zutaten aus ①.

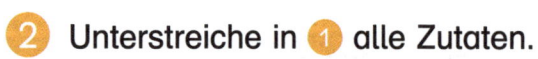

Zutaten für vier Personen:

—

Lernportion 7: Handlungsabläufe beschreiben

Ein Kochrezept schreiben

1. Lies nochmals die E-Mail auf Seite 54.

2. Schreibe die Anleitung in Sätzen in der Ich-Form auf.

Achte auf unterschiedliche Satzanfänge!

Kartoffeln mit Rosmarin zubereiten

Zuerst säubere ich

Lernportion 7: Handlungsabläufe beschreiben

7. Über das eigene Lernen nachdenken

Ergänze deine Lernraupe.

- … eine Handlung ordnen.
- … eine Handlung beschreiben.
- … eine Anleitung schreiben.
- … ein Rezept ordnen.
- … eine Liste mit Zutaten schreiben.
- … ein Kochrezept schreiben.
- …

Die Aufgaben waren für mich gut, weil …

Was wünschst du dir für dein Lernen?

Diese Aufgabe mochte ich nicht, weil …

Lernportion 7: Handlungsabläufe beschreiben

8 Ein Haiku kennenlernen

Das **Haiku** ist ein besonderes Gedicht.
Es hat drei Zeilen und 17 Silben:
1. Zeile = 5 Silben,   2. Zeile = 7 Silben,   3. Zeile = 5 Silben
Im Haiku geht es oft um die Natur, Feuer, Wasser, Erde und Luft.
Die Japaner haben die Form dieses Gedichts erfunden.

1 Lies die beiden Gedichte.

Wunderschöner Tag

Ich schaue in den Garten

So viele Blumen

1. Zeile: _____ Silben
2. Zeile: _____ Silben
3. Zeile: _____ Silben

Ich sehe sie dort

Die vielen schwarzen Schwalben

Muntere Vögel

1. Zeile: _____ Silben
2. Zeile: _____ Silben
3. Zeile: _____ Silben

2 Zeichne in **1** Silbenbögen unter die Wörter.

3 Zähle die Silben in jeder Zeile. Trage die Zahlen ein.

4 Kreuze richtig an.

○ Die Gedichte sind Elfchen.   ○ Die Gedichte sind Haikus.

8 Zwei Haikus ordnen

1 Hier sind zwei Haikus vermischt. Unterstreiche mit zwei Farben.

Ein Haiku handelt vom Winter, das andere vom Sommer.

Es donnert und blitzt
Flocken fallen leicht
Schneemann lacht mit großem Mund
Gräser und Blumen zittern
Bald kommt der Regen
Schöne Winterzeit

2 Schreibe die beiden Haikus aus **1** richtig auf.

3 Zeichne in **2** Silbenbögen ein.

Lernportion 8: Gedichte schreiben

8 Ein Haiku schreiben und präsentieren

2 Bereite eine Präsentation zu deinem Haiku vor.
Male dazu ein schönes Bild.
Lerne das Gedicht auswendig.

3 Stelle anderen Kindern dein Haiku vor.
Der Leitfaden auf Seite 10 hilft dir.

Lernportion 8: Gedichte schreiben

8. Nach einem Bauplan ein Gedicht schreiben

1 Findet zu einem Thema drei Wörter und nummeriert sie.
Als viertes Wort schreibt ihr das Thema mit Artikel (der, die oder das) auf.

1. _____
2. _____
3. _____
4. _____

2 Setzt eure Wörter passend in den Bauplan ein.

_____ (1. Wort)

_____ und _____
(1. Wort)   (2. Wort)

_____ (2. Wort)

_____ und _____
(2. Wort)   (3. Wort)

_____ (1. Wort)

_____ und _____
(1. Wort)   (3. Wort)

_____ und _____ und _____ und
(1. Wort)   (2. Wort)   (3. Wort)

_____
(4. Wort mit Artikel)

Das ist ein Avenidas-Gedicht.

3 Lest euch gegenseitig eure Gedichte vor.

Lernportion 8: Gedichte schreiben

8 Ein Parallelgedicht schreiben

1 Übersetze dieses Gedicht und schreibe es auf.

avenidas
avenidas y flores

flores
flores y mujeres

avenidas
avenidas y mujeres

avenidas y flores y mujeres y
un admirador

Eugen Gomringer

avenidas = Straßen
y = und
flores = Blumen
mujeres = Frauen
un admirador = ein Bewunderer

Wenn ich Wörter eines Gedichts durch andere Wörter ersetze, entsteht ein **Parallelgedicht**.

Straßen

Straßen und Blumen

Lernportion 8: Gedichte schreiben

8 Ein Gedicht mit Geräuschen entwickeln

> **Wörter** in einem Gedicht kann man **durch Geräusche ersetzen.**
> So entsteht ein **Gedicht aus Geräuschen.**

① Überlegt, welche Geräusche ihr machen könnt.

Klatschen, schnalzen, schnippen, stampfen, pfeifen, …

② Nehmt den Bauplan auf Seite 60, Aufgabe ②.
Bestimmt für jede Farbe ein Geräusch.
Probiert euer Gedicht mit Geräuschen aus.

Lernportion 8: Gedichte schreiben

8. Über das eigene Lernen nachdenken

Ergänze deine Lernraupe.

- … ein Haiku erkennen.
- … zwei Haikus ordnen.
- … ein Haiku schreiben.
- … ein Haiku präsentieren.
- … nach einem Bauplan ein Gedicht schreiben.
- … ein Parallelgedicht schreiben.
- … ein Gedicht mit Geräuschen entwickeln.

> Sieh dein gelbes Heft noch einmal gründlich durch. Nutze alle Ideen aus den vergangenen Lernportionen.

Lernportion 8: Gedichte schreiben

Themenheft 3
Texte planen und schreiben

Herausgegeben von:	Roland Bauer, Jutta Maurach
Erarbeitet von:	Katrin Baudendistel, Daniela Dreier-Kuzuhara, Martina Schramm
Fachliche Beratung exekutive Funktionen:	Dr. Sabine Kubesch, INSTITUT BILDUNG plus, im Auftrag des ZNL TransferZentrum für Neurowissenschaften und Lernen, Ulm
Redaktion:	Martina Schramm, Sabine Gerber
Illustration:	Yo Rühmer, Frankfurt am Main
Umschlaggestaltung:	Cornelia Gründer, agentur corngreen, Leipzig
Layout und technische Umsetzung:	lernsatz.de

fex steht für *Förderung exekutiver Funktionen*. Hierbei werden neueste Erkenntnisse der kognitiven Neurowissenschaft zum spielerischen Training exekutiver Funktionen für die Praxis nutzbar gemacht. **fex** wurde vom **ZNL TransferZentrum für Neurowissenschaften und Lernen** (www.znl-ulm.de) an der Universität Ulm gemeinsam mit der **Wehrfritz GmbH** (www.wehrfritz.com) ins Leben gerufen. Der Cornelsen Verlag hat in Kooperation mit dem ZNL ein Konzept für die Förderung exekutiver Funktionen im Unterrichtswerk *Einsterns Schwester* entwickelt.

www.cornelsen.de

1. Auflage, 1. Druck 2019

Alle Drucke dieser Auflage sind inhaltlich unverändert
und können im Unterricht nebeneinander verwendet werden.

© 2019 Cornelsen Verlag GmbH, Berlin

Das Werk und seine Teile sind urheberrechtlich geschützt.
Jede Nutzung in anderen als den gesetzlich zugelassenen Fällen
bedarf der vorherigen schriftlichen Einwilligung des Verlages.
Hinweis zu §§ 60a, 60b UrhG: Weder das Werk noch seine Teile dürfen
ohne eine solche Einwilligung an Schulen oder in Unterrichts- und
Lehrmedien (§ 60b Abs. 3 UrhG) vervielfältigt, insbesondere kopiert oder
eingescannt, verbreitet oder in ein Netzwerk eingestellt oder
sonst öffentlich zugänglich gemacht oder wiedergegeben werden.
Dies gilt auch für Intranets von Schulen.

Druck: Parzeller print & media GmbH & Co. KG, Fulda

ISBN 978-3-06-084375-6

Dieses Heft ist Bestandteil des Pakets „Einsterns Schwester 3 leicht gemacht" (ISBN 978-3-06-084372-5) und kann auch einzeln bestellt werden.

PEFC zertifiziert
Dieses Produkt stammt aus nachhaltig
bewirtschafteten Wäldern und kontrollierten
Quellen.
www.pefc.de

PEFC/04-31-1308